AF268029

LE
GÉNÉRAL BENAÏAD

SUR

LA ONZIÈME COMMUNICATION TUNISIENNE.

(Teskerés de sortie d'huile.)

LE
GÉNÉRAL BENAÏAD

SUR

LA ONZIÈME COMMUNICATION TUNISIENNE.

(Teskerés de sortie d'huile.)

Le Comité connaît sur quels fondements les agents tunisiens prétendaient établir le rejet des 23 millions de teskerés de sortie d'huile négociés par le général Benaïad à MM. Fould et Pastré d'un côté, à MM. Donon et Cie de l'autre.

On arguait d'un abus de confiance; les signatures avaient été surprises au Bey; le général Benaïad rendait des comptes infidèles; il ne versait point ses perceptions sur le même pied que Bahram, Bahrini et Ben-Abbès. Conformément à cette dernière assertion, les agents tunisiens dans leur *Note explicative* ont dressé des états par lesquels, écartant tous les comptes officiels, toutes les pièces authentiques présentés par le général Benaïad, ils construisirent un compte de leur façon duquel il résultait que Benaïad devait les grains pour lesquels ces teskerés lui avaient été délivrés.

La *Note explicative*, page 6 et suivantes, développait toute la théorie de cette nouvelle recette de payer ses dettes, et sur les états dont nous venons de parler, elle se refusait à la reconnaissance des obligations contractées et signées.

Citons au surplus les paroles : « Plus tard et après le départ de M. Benaïad, on reconnut l'odieux » abus de confiance par lui commis, en obtenant des teskerés par l'unique motif des besoins pré- » tendus de la Rabta, lorsque ces besoins n'existaient pas, fait négatif résultant de la vérification » qui fut faite *et des comptes mêmes de la Rabta transcrits ci-devant.* »

Ces comptes, il n'est pas besoin de le dire, sont ceux de la *Note explicative*.

On peut juger maintenant de la stupéfaction du général Benaïad lorsque dans une des séances où les deux parties ont été appelées devant le Comité, il a entendu le général Kereddin déclarer que les comptes de la *Note explicative* n'étaient que des comptes de fantaisie, et qu'il n'y fallait attacher aucune importance sérieuse.

Dès ce moment sans doute toute l'argumentation tunisienne contre l'admission des teskerés de sortie d'huile s'écroulait sur sa seule base, c'est-à-dire sur les débris des comptes abandonnés de la *Note explicative*.

Le Comité a vu également le représentant de Tunis déserter devant l'ascendant de la discussion les comptes de Bahram, Bahrini et Ben-Abbès, qui n'étaient plus ceux de la *Note explicative*, comme il avait déjà déserté la *Note explicative* elle-même.

Dès lors, sur quoi les agents tunisiens peuvent-ils fonder l'insistance opiniâtre avec laquelle ils luttent encore auprès du Comité, pour en obtenir la non-admission des 23 millions de teskerés réclamés et dus !

Du côté du général Benaïad, la puissance et l'autorité de ses pièces restent intactes et inattaquées.

Pour la régularité et la justification de ses recettes et de ses versements et de ceux de son père de 1256 à 1266, il a produit les cinq règlements de comptes relatifs à cette période, signés et approuvés par le Bey.

Il a justifié, par ces cinq règlements de compte, les versements des quantités de blé et d'orge représentés par la valeur des teskerés en question.

Il a produit les trois amras qui lui concèdent la libre disposition de ces teskerés et le droit de les négocier à qui il voudra et comme il l'entendra.

Il y a joint l'amra du Bey, en date du 1er sfar 1267, régularisant et approuvant la négociation opérée à MM. Pastré frères.

Et enfin, pour sanction et couronnement de tant de preuves, il a fourni la déclaration du kasnadar, postérieure de quinze mois à la quittance du Bey, reconnaissant et attestant que tous les comptes relatifs à ces émissions sont soldés, et que Benaïad est quitte de tous les teskerés qu'il peut avoir jusqu'à la date de cette déclaration.

Tous ces faits d'ailleurs ont été exposés, élucidés, épuisés dans les divers mémoires que le général Benaïad a eu l'honneur de soumettre successivement au Comité (1).

Enfin, dans ses questions adressées aux deux parties, le Comité lui-même avait achevé de jeter la lumière sur tout ce qui pouvait rester de mal éclairé dans ce débat.

Le général Benaïad prend la liberté de replacer ces questions sous ses yeux.

« Engager les agents du Bey de Tunis à reproduire les comptes des prédécesseurs de M. Benaïad, » qui avaient avant lui la ferme des grains, des fourrages et de la boulangerie, notamment celui » de Bahram pour le blé, de Ben-Abbès pour l'orge, de Bahrini pour la boulangerie; produire » les registres qui constatent l'existence et le chiffre des bonifications par eux versées. A défaut » des actes reçus par les notaires ou des registres, fournir des copies certifiées conformes aux » instructions contenues dans les dépêches du 23 août.

» Engager M. Benaïad à produire en original les divers amras qu'il présente comme apurement » de ses comptes et aussi les lettres du kasnadar, en date de djoumad-el-aoual 1268.

» L'engager à joindre ces actes originaux et tous les documents constatant que tous les amras » ont été délivrés après examen de ses comptes.

» Ces apurements de comptes ont-ils été mentionnés sur les registres du gouvernement ou dans » tout autre acte officiel? Provoquer sur ce point les explications des agents du Bey de Tunis et » des agents de Benaïad.

» Engager les agents du Bey à produire les comptes des versements de grains, blé ou orge faits » par M. Benaïad dans les entrepôts du gouvernement, tels qu'ils résultent des registres du gou- » vernement ou d'autres actes officiels, et à quelque titre qu'aient été faits ces versements.

» Comment M. Benaïad justifie-t-il de l'achat par lui fait des grains, blé ou orge, qu'il avait

---

(1) Voir entre autres : *Note du général Benaïad en réponse à la Note tunisienne*, etc., p. 19 et suivantes, et notamment p. 21 et 22; *Note réfutative*, p. 3 à 14, et notamment 7 et 8; *État de questions*, p. 29 à 31.

» livrés comme fournisseur et dont il aurait reçu le prix en teskerés d'huile? Où ces grains auraient-
» ils été achetés? A quelle époque? Par quels intermédiaires? Par quelle voie sont-ils arrivés à
» Tunis? Par quels navires? L'engager à fournir sur ce point tous documents et toutes pièces
» probantes. »

On sait comment les agents tunisiens se sont conformés aux prescriptions du premier de ces
paragraphes. Ils n'ont voulu fournir de tous les prédécesseurs de Benaïad que les comptes de
Bahram, de Bahrini et de Ben-Abbès; et on sait ce que valent ces comptes.

Le général Benaïad, quant à lui, s'est empressé de déposer aux ordres du Comité les originaux
qui lui étaient demandés et la déclaration du kasnadar; ils sont sa force, et il les regarde comme
la souveraine constitution de son droit.

Le Comité, dans sa sollicitude, voulait savoir encore si les comptes apurés de Mahmoud Benaïad
étaient antérieurs ou postérieurs aux amras qui en sont la consécration et le règlement. Le général
Benaïad a répondu par la production de trois de ces comptes détaillés eux-mêmes, et enfin, par
les ordres du Comité, les agents tunisiens ont produit aux débats tous les comptes de Benaïad, soit
en blé, soit en orge, avec leurs détails et leurs dates, et tous approuvés et signés par le Bey. Sur
ce point encore, le débat n'a plus rien à dire. Enfin, non content et des déclarations, et des règlements du Bey, et de ses signatures, et des déclarations du kasnadar, et de la production de toutes
ces pièces originales, le Comité a voulu connaître encore les achats de céréales effectués par le
général Benaïad pour opérer les versements correspondants aux divers achats de blé qui lui ont
été faits par le gouvernement. Le général Benaïad a déposé au bureau du contentieux plusieurs
pièces et dix-neuf de ses registres, constatant des achats tant à l'extérieur qu'à l'intérieur, de
de 118,000 caffis de blé et 85,000 caffis d'orge.

Dès lors, que reste-t-il au général Benaïad à prouver? Toutes les allégations des agents de Tunis
sont détruites; toutes ses pièces survivent dans leur intacte virtualité; et c'est au nom de la signature du Bey, des comptes et des registres du Bey, des amras du Bey, confirmés et renforcés par
les déclarations officielles du premier ministre du Bey, que le général Benaïad réclame la reconnaissance et le maintien des actes au nom desquels il a négocié ces 23,000,000 de teskerés de
sortie d'huile, dont le produit n'a servi qu'à couvrir les énormes avances qu'il a faites pour nourrir
l'armée du Bey.

Cependant que trouve-t-on dans la même communication tunisienne qui soit de nature à atté-
nuer enfin la légitimité d'une réclamation basée sur des autorités si décisives et si nombreuses?
Pas une pièce, pas un mot. Les agents tunisiens ne s'évertuent plus qu'à discuter un acte indé-
pendant de la dette elle-même : le traité passé le 27 août 1850 entre le général Benaïad d'un
côté, et MM. Pastré frères et Fould, Fould-Oppenheim et Cⁱᵉ de l'autre.

Est-ce que cette discussion n'est point oiseuse aujourd'hui? La dette étant établie, qu'importe
au gouvernement de Tunis d'avoir à la payer au général Benaïad ou à MM. Pastré et Fould?

Sur ce point le général Benaïad n'a rien à changer ni à modifier dans ses discussions précé-
dentes, comme il n'y peut rien ajouter. M. J. Pastré s'est rendu de sa personne à Tunis; il
s'est fait reconnaître comme le porteur sérieux et unique des teskerés avec son associée la maison
Fould, par le Bey et par le kasnadar. Ils l'ont tous les deux accepté en cette qualité; ils ont exé-
cuté le marché après l'avoir sanctionné. Lorsqu'il a plu au gouvernement de Tunis de manquer à
ses obligations, MM. Pastré frères et MM. Fould, Fould-Oppenheim et Cⁱᵉ, de concert, ont officiel-
lement protesté contre cette violation du contrat envers eux. Ils n'ont depuis ce temps cessé
d'adresser les plus pressantes réclamations écrites et verbales à S. Ex. M. le ministre des affaires
étrangères, pour obtenir justice du gouvernement de Tunis. Le général Benaïad, quant à lui, ne

peut qu'une chose : prouver son droit à ces teskerés, son pouvoir de les négocier : cette double preuve, il l'a déjà surabondamment donnée, et il est fermement convaincu que MM. Fould et Pastré, soit devant leur gouvernement, soit devant toute autorité compétente, sauront maintenir leur droit comme il a maintenu le sien.

Cependant les agents tunisiens attachent une importance que nous ne comprenons plus, et consacrent tout le dossier de leur onzième communication à tâcher de prouver ces deux circonstances :

1° Que par les ordres et les instructions du général Benaïad, le caïd Nessim plaçait une certaine quantité de permis de sortie d'huile ;

2° Que MM. Pastré frères, plus de deux ans après la signature du traité de 1850, liquidaient leur maison à Tunis.

Sur ces deux faits, les explications du général Benaïad peuvent être simples et courtes. Il a déjà déclaré depuis longtemps l'engagement qu'il avait pris envers MM. Fould et Pastré, de leur donner son concours et celui de ses agents habitués à ces opérations, pour le placement et le recouvrement de ces valeurs à Tunis. La situation du général Benaïad à cette époque était assez grande et assez influente pour que ce concours fût une des conditions de l'affaire, et qu'en même temps il fût pour les deux maisons susmentionnées une garantie à l'égard du gouvernement tunisien. Le général Benaïad a tenu la promesse qu'il avait faite. Mais on peut voir dans les lettres mêmes produites par les agents tunisiens qu'il ordonnait toujours au caïd Nessim de s'entendre avec M. Mercier, représentant de la maison Pastré, et de lui verser les sommes provenant de ces négociations.

A l'appui de leur assertion, les agents de Tunis présentent trois comptes entre le général Benaïad et le caïd Nessim, livrés par ce dernier au kasnadar. Ils démontrent justement le contraire de ce qu'on en prétend tirer.

Le premier de ces comptes, sous le n° 39, est daté du 7 hedja 1265, correspondant à l'année chrétienne 1848. Dans ce règlement figure, en effet, une certaine quantité de permis de sortie d'huile négociés par Nessim. Mais comme cette négociation est de l'année 1848, et que le traité Fould–Pastré est de 1850, ces teskerés n'ont évidemment rien de commun avec ceux qui ont fait l'objet du traité Fould–Pastré.

Il en est de même pour le second compte sous le n° 22, daté de djoumad-el-aoual 1266, c'est-à-dire de l'année chrétienne 1849.

Le troisième de ces comptes, sous le n° 32, est du 30 djoumad-el-aoual 1267, c'est-à-dire de quatre mois après la date de l'amra de sanction du Bey pour la négociation Fould–Pastré, amra qui est du 1ᵉʳ sfar 1267. Dans ce compte, on trouve trois articles relatifs à des recouvrements pour permis de sortie d'huile : le premier montant à 378,060 8 6 1/2 piastres, est relatif à des négociations faites en 1266, le compte le constate, c'est-à-dire avant le traité Pastré; le second mérite d'être cité dans son texte, parce qu'il prouve que dans la pensée et selon les instructions de Nessim, cette négociation était opérée, non pour le compte de Benaïad, mais pour le compte de Pastré. Nous copions :

« *Ce qu'il a reçu* en permis de sortie d'huile aux termes de la déclaration écrite, *pour les*
» *remettre à M. Pastré*, 581,550 piastres. »

Le troisième article se monte à 191,343 12. Il avait certainement la même destination; mais le compte ne l'indique pas, sans doute parce qu'il venait de le mentionner pour une recette analogue, deux lignes plus haut.

Ainsi, il reste constaté que dans ses démarches, Caïd-Nessim agissait pour Pastré, et savait qu'il agissait pour Pastré.

Les agents tunisiens voulaient donc incontestablement faire illusion au Comité en lui présentant des comptes dont deux sur trois sont étrangers à l'objet en discussion, et dont le troisième constate clairement la nature du mandat donné à Nessim par Benaïad.

Les agents tunisiens, une seconde fois, travaillent à donner le change au Comité par tout le bruit qu'ils font sur la liquidation de la maison Pastré, à Tunis. Ce fait encore n'a rien de commun avec l'affaire des permis de sortie d'huile.

En dehors du contrat du 28 août 1850, le général Benaïad, ayant à tirer de l'étranger des quantités considérables de marchandises pour les fournitures de la Gorfa, etc., fit un accord avec la maison Pastré, par lequel celle-ci établissait une succursale à Tunis, avec la mission d'exécuter à Paris, à Londres, à Marseille, à Alexandrie, etc., et de lui transmettre sur les lieux les différents achats qui lui seraient demandés. Pour ce service, le général Benaïad s'engageait à payer annuellement à cette succursale et à forfait une commission de 125,000 francs. M. Mercier fut placé à la tête de cet établissement.

Mais quand il s'agit de renouveler ce contrat, au commencement de l'année 1269, le général Benaïad, l'ayant trouvé préjudiciable à ses intérêts, et voyant d'ailleurs les difficultés incessantes qu'il rencontrait à recouvrer du gouvernement le prix de ses fournitures, ne put consentir à le prolonger ou à le renouveler. C'est à ce refus et à ses conséquences que font allusion les trois lettres de M. Pastré au kasnadar, si souvent citées par les agents tunisiens. Leur maison de commission, exclusivement fondée pour servir les demandes adressées au général Benaïad par le gouvernement tunisien, cessait d'exister, son seul objet lui faisant défaut. Sa fondation n'avait eu rien de commun avec le traité de 1850; sa liquidation laissait, quant à ce traité, les choses dans le même état.

Pour en finir sur ce point par une pièce qui porte en elle-même un caractère décisif, nous citerons la lettre écrite au général Benaïad par le kasnadar à propos de cette rupture :

LOUANGE A DIEU!

« Que Dieu protége l'illustre et très-cher Sid Mahmoud Benaïad, général de brigade; que la paix et la miséricorde de Dieu soient avec lui !

» Je vous adresse cette lettre au sujet de votre séparation avec la maison Pastré. *J'ai appris qu'il est survenu entre vous des différends qui l'ont obligé à suspendre ses affaires commerciales à Tunis.* L'amitié veut qu'il en soit autrement. Quant à l'objet de la contestation, réglez-le en partageant la différence entre vous par égale part; alors de bonnes relations continueront à exister entre vous comme par le passé, ce qui est d'autant plus facile que son mandataire, M. Mercier, est le meilleur homme du monde sous le rapport du caractère, de la probité et de la reconnaissance; il connaît notre caractère comme nous connaissons le sien, et il est à présent l'un de nos meilleurs amis. Quant aux bénéfices que l'étranger fait avec vous, nos amis intimes y ont plus de droit. Il faut donc que vous vous entendiez avec lui à de bonnes conditions, et sans préjudice pour les deux parties, et vos relations seront les mêmes que par le passé. En affaires, un homme que vous connaissez vaut mieux qu'un homme que vous ne connaissez pas. Si vous éprouvez quelque perte avec lui dans certains cas, vous en êtes couvert par le bénéfice que vous faites sur autre chose, et réciproquement.

» Quant à la nolisation du bateau à vapeur qui a transporté les marchandises à Londres, nous avons écrit à M. Pastré de la recevoir de vous sans faute, comme nous vous en avons informé dans une précédente lettre. Il ne peut donc y avoir aucun avantage dans un pareil retard, que rien ne justifie, et après cette lettre nous voulons n'entendre parler de rien autre que de l'acquittement de cette somme.

» Signé MOUSTAPHA , kasnadar.

» Écrit le 21 sfar 1269. »

P. S. En marge se trouve ce qui suit :

« **M.** Pastré *nous a réclamé le prix des bagues, tandis que j'ai reçu les bagues de vous et non de lui.* Quand vous arriverez en bonne santé, nous vous parlerons au sujet de ces bagues. Quant à M. Pastré, nous ne les avons pas reçues de sa main. »

C'est donc toujours par des équivoques et par des interprétations peu loyales que les agents tunisiens soutiennent leur cause même dans les détails. Mais avant de finir, nous avons à signaler dans cette onzième communication deux circonstances, dont le Comité n'aura point de peine à apprécier la déplorable gravité.

Le général Benaïad a plusieurs fois insisté sur la production frauduleuse de son reçu de 8,000,000 de teskerés de sortie d'huile déposé au kasnadar lorsque cette émission fut opérée, et qui plus tard, faisant double emploi dans l'émission totale des 13,000,000, devait être rendu à celui qui l'avait signée. Ce reçu, on se le rappelle, a été déclaré égaré par le kasnadar dans son écrit de djoumad-el-aoual 1268, reconnaissant en même temps que s'il se retrouvait, il devait être considéré comme nul et non avenu. Pourtant les agents tunisiens ont encore le cœur de faire usage de cette pièce dans leur communication actuelle ; ils en soulignent même des parties avec affectation, dans le but de faire croire au Comité que la plus grande partie du produit de ces teskerés devait se trouver à la Banque au moment de sa suspension.

Et enfin, on présente ce reçu avec celui des 13,000,000 dans lequel il se confond, espérant sans doute qu'une distraction du Comité pourra faire débiter Benaïad et des 13,000,000 et des 8,000,000.

Ici les agents tunisiens n'ont plus le prétexte de l'ignorance, ils ont été bien avertis ; le général Benaïad leur a présenté et répété la déclaration du kasnadar de 1268. Ils persistent cependant. Le Comité jugera l'esprit qui dicte de pareils actes.

Après la fraude, la falsification. L'amra du Bey de sfar 1267 constate la délivrance des 13,000,000 de teskerés à Benaïad, son pouvoir de les négocier et l'accomplissement même, accompagné de la sanction souveraine, de cette négociation. Le général Benaïad a produit la copie de l'original de cet amra. Les agents tunisiens, de leur côté, ont voulu produire la leur ; celle qui a été délivrée à leur gouvernement par le général Benaïad. Dans leur texte arabe, comme dans leur traduction française, ils en ont supprimé la partie la plus importante, la déclaration essentielle, celle qui reconnaît l'existence de la négociation et lui donne la sanction du Bey.

Voici en effet le texte tunisien :

« Nous déclarons par la présente ordonnance, que nous remettons entre les mains de notre fils,
» le général Mahmoud Benaïad, que nous lui avons donné des teskerés de sortie d'huile pour une
» valeur nette de tous frais, y compris ceux des écrivains mêmes, de 8,000,000 de piastres tuni-
» siennes. Nous lui avons, de plus, donné d'autres teskerés de sortie d'huile pour la valeur de
» 5,000,000 de piastres y compris les frais ; ce qui fait en tout la somme de 13,000,000 de
» piastres, *que nous lui avons ordonné de vendre à qui bon lui semblera, et avec l'escompte qu'il*

» *pourra, conformément à nos ordres, et avec l'escompte de 40 pour 100 et 2 pour 100 de courtage*
» *sur le total de ladite somme.* »

Ce texte présente une contradiction flagrante. Il donne à la fois à Benaïad l'autorisation indéfinie de négocier comme il pourra, et immédiatement après, il fixe d'une manière absolue le taux de la négociation à 40 pour 100 d'escompte et 2 pour 100 de courtage.

Comment expliquer cette inconséquence dans une seule et même phrase?

L'explication est facile : il n'y a pas inconséquence dans la phrase, mais il y a falsification de la pièce reproduite.

Voici les termes du texte original, du texte existant entre les mains du gouvernement à Tunis, comme du texte existant entre les mains du général Benaïad à Paris.

« *Nous lui avons ordonné de vendre ses permis et de faire à l'acquéreur l'escompte qu'il pourra ; et* IL A VENDU CES PERMIS D'HUILE, *en vertu de notre ordonnance,* A RAISON *de 40 pour 100 d'escompte et de* 2 *pour 100 de courtage pour la totalité de la somme susmentionnée.* »

Les paroles deux fois soulignées dans ce dernier texte sont absolument retranchées de la pièce produite par le gouvernement tunisien; elles étaient sans doute trop gênantes et trop décisives; elles attestaient trop hautement la régularité et la sanction de la négociation Fould-Pastré. Dans cet embarras, on a eu recours à ces procédés, auxquels désormais il faut bien que le Comité s'habitue. C'est certainement en France la première fois qu'un tribunal quelconque aura vu placer sous ses yeux tant de pièces fabriquées et tant de pièces falsifiées : le jour de la justice approche cependant, et elle aura aussi la parole à son tour.

Paris. — Typographie de Henri Plon, imprimeur de l'Empereur, 8, rue Garancière.